EXPLOREMOS EL SOL

por Walt K. Moon

BUMBA BOOKS™
en español

EDICIONES LERNER ◆ MINNEAPOLIS

Nota para los educadores:

En todo este libro, usted encontrará preguntas de reflexión crítica. Estas pueden usarse para involucrar a los jóvenes lectores a pensar de forma crítica sobre un tema y a usar el texto y las fotos para ello.

ediciones Lerner
Una división de Lerner Publishing Group, Inc.
241 First Avenue North
Mineápolis, MN 55401, EE. UU.

Si desea averiguar acerca de niveles de lectura y para obtener más información, favor consultar este título en www.lernerbooks.com

Library of Congress Cataloging-in-Publication Data

Names: Moon, Walt K.
Title: Exploremos el sol / por Walt K. Moon.
Other titles: Let's explore the sun. Spanish
Description: Minneapolis : ediciones Lerner, [2018] | Series: Bumba books en español. Una primera mirada al espacio | Audience: Age 4–7. | Audience: K to grade 3. | Includes index. | Description based on print version record and CIP data provided by publisher; resource not viewed.
Identifiers: LCCN 2017017563 (print) | LCCN 2017018984 (ebook) | ISBN 9781512497656 (eb pdf) | ISBN 9781512497649 (lb : alk. paper) | ISBN 9781541510623 (pb : alk. paper)
Subjects: LCSH: Sun—Juvenile literature.
Classification: LCC QB521.5 (ebook) | LCC QB521.5 .M66418 2018 (print) | DDC 523.7—dc23

LC record available at https://lccn.loc.gov/2017017563

Fabricado en los Estados Unidos de América
1 – CG – 12/31/17

Expand learning beyond the printed book. Download free, complementary educational resources for this book from our website, www.lernerresource.com.

Tabla de contenido

Una estrella gigante 4

¿Dónde está el Sol? 22

Glosario de las fotografías 23

Leer más 24

Índice 24

Una estrella gigante

El Sol es una estrella.

Es una enorme bola de gas.

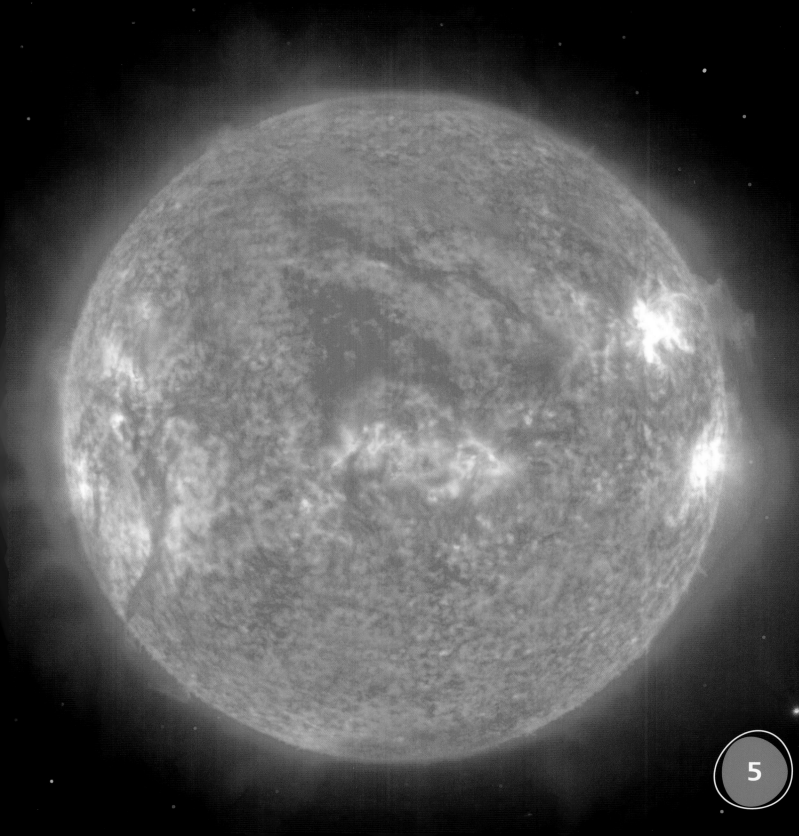

El Sol es la estrella más cercana

a la Tierra.

Brilla y quema con mucha intensidad.

Ocho planetas giran

alrededor del Sol.

Uno de ellos es la Tierra.

Es el tercer planeta más

cercano al Sol.

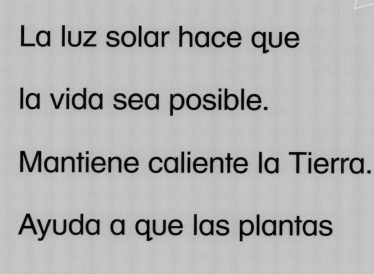

La luz solar hace que la vida sea posible. Mantiene caliente la Tierra. Ayuda a que las plantas crezcan.

¿Cómo ayuda la luz solar a que las plantas crezcan?

Nosotros también necesitamos el Sol. Sin él, el mundo sería oscuro y frío.

¿Cómo sería la vida distinta si no tuviéramos el Sol?

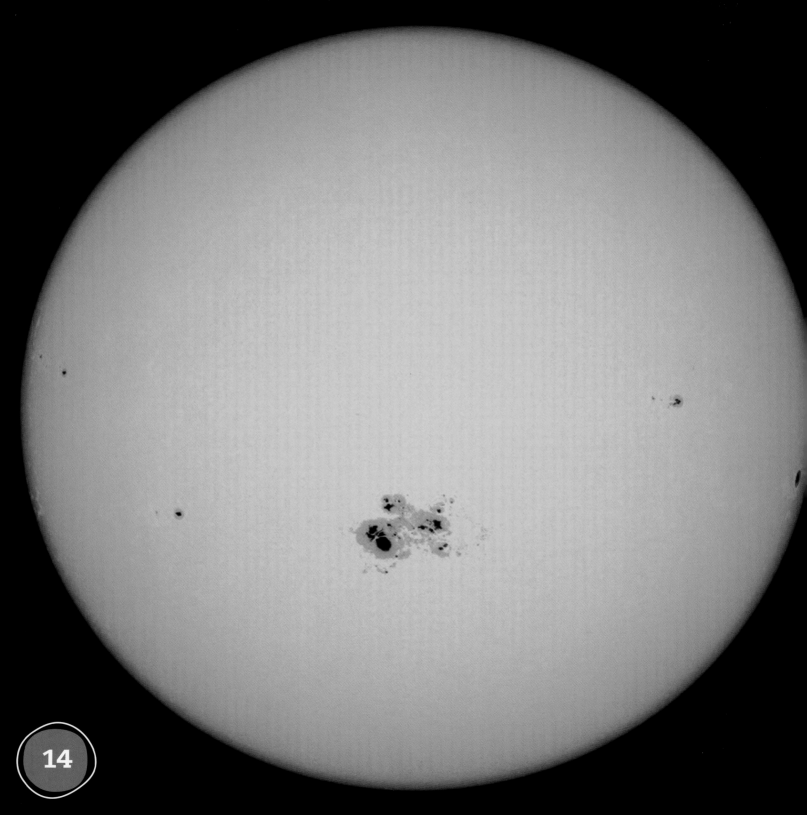

A veces partes del Sol se ven oscuras.

Son más frías que lo normal.

A estas partes se les llama

manchas solares.

¿Por qué piensas que las manchas solares son más frías?

El Sol brilla tanto que es difícil mirar hacia él.

Puede lastimarte los ojos.

La gente usa telescopios especiales para ver el Sol.

A veces un gas caliente sale del Sol.

Vuela lejos en el espacio.

A esto se le llama una erupción solar.

19

El Sol sale por la mañana.

Se pone por la noche.

Esto ocurre porque la Tierra gira.

Sol

Glosario de las fotografías

erupción solar

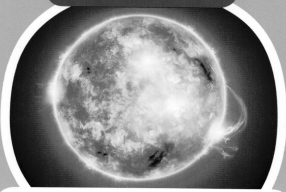

una explosión repentina de energía que viene de la superficie solar

manchas solares

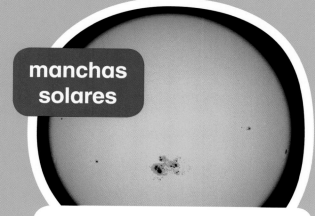

manchas oscuras que a veces aparecen en la superficie del Sol

planetas

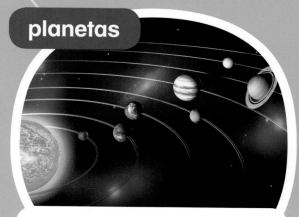

los grandes cuerpos en el espacio que giran alrededor del Sol

telescopios

instrumentos que hacen que los objetos lejanos se vean más grandes y más cercanos

Leer más

Moon, Walt K. *Let's Explore Earth.* Minneapolis: Lerner Publications, 2018.

Rustad, Martha E. H. *Does the Sun Sleep? Noticing Sun, Moon, and Star Patterns.* Minneapolis: Millbrook Press, 2016.

Shepherd, Jodie. *To the Sun!* Minneapolis: Millbrook Press, 2017.

Índice

erupción solar, 18

gas, 4, 18

manchas solares, 15

planetas, 8

plantas, 11

telescopios, 17

Tierra, 7–8, 11, 21

Crédito fotográfico